EL ÚLTIMO ÁRBOL

Margarita Pérez García
Easy-to-Read Literature
margaritaperezgarcia.com

MARGARITA PÉREZ GARCÍA
TRISH DONALD

Will the Amazon Forest disappear in the future?

"Hope" is the thing with feathers.
—Emily Dickinson

Many say it only takes one road to destroy a forest. This is exactly what happened in the Amazon. The Amazon is not just any forest; it's the largest and most diverse rainforest in the world. It is a unique natural treasure. The Amazon helps the entire planet in many ways: It keeps the climate balanced, makes sure there's enough rainfall, and even captures a huge amount of carbon dioxide, which is one of the main causes of climate change. But here's the problem: the Amazon is disappearing very quickly, and it all started with a road...

The first road to the Amazon was built in 1956. Back then, only 2.6 million people lived in the forest. Today, more than 33 million people live there, and the Amazon Forest is crisscrossed with roads and clearings. Unfortunately, these roads into the forest allow easy access for people, who are the main reason behind the forest's destruction. In the last 80 years, people have not stopped cutting down trees and setting fires in the forest. We have turned vast tracts of forest into cattle ranches, harvested timber for lumber and paper, made way for coffee, soy, and palm oil farms, extracted minerals and energy, and displaced indigenous people. All in the name of progress!

Imagine this: every single minute, an area of the rainforest as big as three football fields gets cleared away. It's happening so fast that scientists believe that if we don't act soon, by the year 2064, the Amazon rainforest could become mostly a dry, shrubby plain. That's not good news for the animals and plants that call this place home.

The Amazon is in danger.

●

The story of *El último árbol* - the Last Tree - invites us to think about what a world where most trees have disappeared might be like. But it is not a sad story. It's a story of hope because we can still do something - it's not too late. Sometimes all it takes is the hope of a better future for us to spring into action. Hope can be a thing with feathers. Maybe just a little blue bird...

●

I wrote this story for my son, Sariel, so that he would remember that hope is the last thing that can ever be lost.

—Margarita Pérez García

To Sariel.
I carry you in my heart, always.

En América del Sur hay una selva.

Es la Amazonia.

La Amazonia es una selva grande.

Es la selva más grande del mundo.

En América del Sur hay carreteras.

Hay muchas carreteras.

Las carreteras van hacia la Amazonia.

En las carreteras hay tractores.

Hay muchos tractores.

En los tractores hay personas.

Hay muchas personas.

Las personas en los tractores van hacia la Amazonia.

En el pasado, había miles de árboles en la Amazonia.

Pero ahora es dos mil sesenta y cuatro: 2064.

Ahora no hay muchos árboles en la selva.

Ahora hay personas y hay tractores en la selva.

Las personas **talan** los árboles de la selva.

talan
cut down

Talan uno. Talan dos. Talan tres árboles.

Talan cuatro y cuatro más.

Talan sesenta y talan muchos más.

Talan miles y miles de árboles.

¿Y los árboles?

Los árboles están en los tractores...

Ahora en la Amazonia **solo hay** un árbol.

Es un árbol muy grande.

Pero solo hay uno. No hay más.

Es el último árbol de la Amazonia.

En el árbol grande, hay un pájaro pequeño.

Es un pequeño pájaro azul.

En la selva, el pequeño pájaro azul ve...

Ve los tractores.

Ve a las personas en los tractores.

Ve los árboles en los tractores.

Ve la destrucción de la selva.

Ahora la selva está desierta.

solo hay
there is only

En la selva, hay una persona. Es una mujer.

La mujer ve también...

Ve a las personas en los tractores.

Los tractores van hacia el árbol.

Van hacia el último árbol de la selva.

Y en el árbol hay un pequeño pájaro azul.

Entonces la mujer corre hacia los tractores.

Corre hacia las personas en los tractores y dice:

—¡No más! ¡¡No más!!

Una persona en un tractor dice:

—¡Vamos! Tenemos miles de árboles.

Un árbol más no es gran diferencia.

La mujer ve la destrucción.

La mujer está sola y triste.

No hay selva. No hay animales.

Solo hay un árbol

En la Amazonia desierta no hay futuro.

El pequeño pájaro azul ve a la mujer.

El pájaro está triste también.

Solo hay un árbol. La mujer está sola.

Él es el último pájaro de la Amazonia.

Y él está solo también.

Entonces, el pequeño pájaro azul vuela...

El pequeño pájaro azul vuela hacia la mujer.

La mujer **sonríe**. Tiene **esperanza**.

sonríe
smiles

esperanza
hope

La mujer ve al pájaro.

Ve el horizonte y dice:

—La Amazonia está desierta.

Tenemos un árbol.

Pero no tenemos futuro.

Tú vuelas, yo no.

Entonces, ¡Vuela!

¡¡Vuela **más allá** del horizonte!!

¡Hay un futuro más allá!

más allá
beyond

El pequeño pájaro azul ve el horizonte también.

¿Qué hay más allá? ¿Hay otras selvas?

¿Hay más árboles? ¿Más pájaros?

¿Hay futuro?

¿Qué hay más allá?
What else is out there?

El pequeño pájaro azul ve a la mujer.

Ve el horizonte. Entonces vuela.

Vuela hacia el norte.

En América del Norte hay una ciudad.

El pequeño pájaro azul ve la ciudad.

En la ciudad hay una persona. Es un joven.

El joven está triste.

En la ciudad no hay color.

Es una ciudad grande y gris.

El joven triste de la ciudad ve el pequeño pájaro azul.

El joven sonríe.

Hay color en el mundo.

Ahora el joven no está triste.

Ahora tiene esperanza.

Entonces el joven le dice al pájaro:

—En el norte, solo hay ciudades grises.

No hay futuro en el norte.

Solo hay polución.

¡Vuela más allá del norte!

¡Vuela más allá del horizonte!

¡¡Hay un futuro más allá!!

¡Vuela! ¡Vuela! ¡Vuela!

El pequeño pájaro azul ve el horizonte.

¿Qué hay más allá?

Más allá está el océano.

El pequeño pájaro azul vuela hacia allá.

Ve el océano.

El océano no es azul. Es grande y gris.

El océano también está desierto.

No hay animales en el océano.

Solo hay plástico.

El pequeño pájaro azul está triste.

Pero el pequeño pájaro azul ve en su **corazón**.

corazón
heart

Su corazón no está desierto.

En su corazón hay un árbol. Es su árbol.

En su corazón hay una persona también.

Entonces, el pequeño pájaro azul **canta**.

canta
sings

Hay esperanza.

El pequeño pájaro azul vuela más allá del océano.

Vuela hacia África, hacia Europa,

Y vuela hacia Asia también.

Hay muchas ciudades en África, en Europa y en Asia.

Pero no hay muchas selvas.

No hay muchos árboles.

No hay muchas plantas.

No hay muchos animales.

¿Y las personas?

Las personas están enfermas.

No tienen comida. **Tienen hambre**.

No tienen agua. **Tienen sed**.

Las personas están tristes.

No tienen esperanza.

tienen hambre
they are hungry

tienen sed
they are thirsty

El pequeño pájaro azul está muy triste.

Entonces, ve en su corazón...

En su corazón hay una persona.

Es la mujer de la selva.

Y ¿en el corazón de la mujer?

En el corazón de la mujer hay un pájaro.

Es un pequeño pájaro azul.

¡Es él! ¡Es él! ¡Es él!

El pequeño pájaro azul escucha a la mujer en su corazón.

La mujer dice:

> «¡Hay un futuro más allá!
> ¡Hay esperanza!».

Entonces, el pequeño pájaro azul canta.

El pequeño pájaro azul vuela.

El mundo es grande. Hay esperanza.

¡Hay un futuro más allá!

El pequeño pájaro azul vuela más allá de Asia.

Vuela, vuela y vuela.

Vuela hacia Australia y ve...

Australia es muy grande.

Pero Australia está desierta.

En Australia no hay ciudades.

No hay árboles.

No hay plantas.

No hay animales.

No hay personas.

¿No hay personas?

No. No hay personas.

En Australia solo hay destrucción.

El clima es extremo.

El mundo está enfermo.

El pequeño pájaro azul ve el horizonte.

¿Qué hay en el horizonte?

¡Es otro pájaro!

¡Es un pájaro amarillo!

Los dos pájaros vuelan el uno hacia el otro.

El pájaro azul dice:

 —Soy el último pájaro de la Amazonia.

 Tengo un árbol. Tengo a una persona.

 Pero estoy triste. El mundo está enfermo.

 Y ahora estoy solo.

El pájaro amarillo le dice:

 —**No estés triste**. No estás solo.

 Ahora somos dos.

 ¡Vamos! ¡Hay esperanza!

no estés triste
don't be sad

Los dos pájaros vuelan más allá de los continentes.

Vuelan mucho más allá.

Vuelan hacia una isla y ven...

¡Es otro pájaro! ¡Es un pájaro rojo!

Los dos pájaros vuelan hacia el pájaro rojo y dicen:

 —El mundo está enfermo. Es un desierto gris.

El pájaro rojo escucha la historia del mundo desierto y gris.

Entonces les dice:

 —No estamos solos. Somos muchos.

 Hay muchos pájaros más en las islas.

 ¡Hay esperanza! ¡Vamos!

Los tres pájaros vuelan hacia otras islas.

En el océano del sur hay miles de islas.

En las islas hay pájaros. Hay muchos.

Hay miles de pájaros de colores diferentes.

Y en las islas hay árboles también. ¡Hay muchos!

Los pájaros de las islas escuchan al pequeño pájaro azul.

Escuchan las historias del mundo enfermo, desierto y gris.

Escuchan la historia del último árbol de la Amazonia.

Los pájaros de las islas dicen:

>—No estés triste. Los árboles son el futuro.
>Si hay árboles, ¡hay esperanza!

Entonces el pequeño pájaro azul canta y les dice:

>—¡Vamos a la Amazonia!

Los pájaros vuelan hacia América del Sur.

Vuelan hacia el último árbol de la Amazonia.

En el Norte, el joven de la ciudad gris no está triste.

En su corazón está el pájaro azul de la esperanza.

Entonces el joven ve el horizonte.

En el horizonte hay miles de colores diferentes.

Los colores van hacia el sur.

¿Qué hay? ¿Qué es? ¿Qué son?

El joven ve los colores en el horizonte.

¡Son los colores de la esperanza!

El pájaro azul en su corazón canta.

Y el joven sonríe.

Entonces el joven va hacia el sur también.

Va hacia la Amazonia.

El joven de la ciudad está en la Amazonia.

Ve el último árbol.

Ve a los pájaros en el árbol.

Hay miles de pájaros de colores diferentes.

Y ¡hay otra persona también! ¡Es una mujer!

La mujer **siembra** árboles en la selva desierta.

Y la mujer no siembra sola.

¡Los pájaros siembran también!

siembra
plants

La mujer ve a al joven de la ciudad.

Sonríe y le dice:

 —Ahora somos dos.

 ¡Sembremos más árboles!

sembremos
let's plant!

En las ciudades grises del mundo,

Hay muchas personas tristes.

El mundo está enfermo.

Hay polución,

hay mucho plástico,

hay enfermedades,

hay **hambre**, hay **sed,**

y el clima es extremo.

hambre
hunger

sed
thirst

Pero las personas del mundo escuchan una historia.

Es una historia diferente.

Es la historia del último árbol de la Amazonia.

Y en sus corazones las personas tienen esperanza.

Entonces las personas del mundo van hacia el sur.

Van hacia la Amazonia.

Las personas del mundo están en la Amazonia.

La Amazonia no está desierta de árboles.

Ahora hay árboles en la Amazonia.

Son pequeños, pero hay muchos.

Entonces las personas ven un árbol muy grande.

Una persona dice:

—¡Es el árbol de las historias! ¡Es el último árbol!

Otra persona dice:

—Pero ahora no es el último.
¡Ahora hay muchos árboles más!

Las personas ven a los pájaros en el árbol grande.

Es el árbol de los pájaros. Es el árbol de las historias.

En el árbol hay miles de pájaros de colores diferentes.

Las personas del mundo ven al joven y a la mujer.

Los dos cantan y siembran más árboles en la selva.

El joven y la mujer sonríen y dicen:

—¡Ahora somos muchas personas más!
¡Sembremos muchos más árboles!

En el futuro, la Amazonia no está desierta.

Hay muchas personas.

Hay muchos pájaros.

Hay animales. Hay plantas.

Y hay miles y miles de árboles.

Las personas escuchan las historias del clima extremo.

Escuchan las historias de las enfermedades.

Escuchan las historias del hambre y de la sed en el mundo,

las historias de la polución de las ciudades

y las historias de la polución del océano.

Son historias grises.

Son historias tristes.

Pero las personas no están tristes.

Son las historias del pasado.

Las personas sonríen.

El futuro no es gris.

El futuro es de miles de colores diferentes.

Hay árboles.

Hay esperanza.

Vocabulario

A

a - a, an
África - Africa
agua - water
ahora - now
al - to the, the
allá - beyond, out there
amarillo - yellow
Amazonia - Amazon
América - America
animales - animals
árbol - tree
árboles - trees
Asia - Asia
Australia - Australia
azul - blue

C

canta - (he, she) sings
cantan - (they) sing
carreteras - roads
ciudad - city
ciudades - cities
clima - climate
color - color
colores - colors
comida - food
continentes - continents
corazón - heart
corazones - hearts
corre - (she) runs
cuatro - four

D

de - of, from
del - of the
desierta - deserted
desiertas - deserted
desierto - desert
destrucción - destruction
dice - (he, she) says
dicen - (they) say
diferencia - difference
diferente - different
diferentes - different
dos - two

E

el - the
él - he
en - in, on, at
enfermas - sick, ill
enfermedades - diseases
enfermo - sick
entonces - then
es - (he, she, it) is
escucha - (he, she) listens
escuchan - (they) listen
esperanza - hope
está - (he, she, it) is
estamos - (we) are
están - (they) are
estás - (you) are
estés - (you) be
estoy - (I) am
Europa - Europe
extremo - extreme

F

futuro - future

G

gran - great, big
grande - big
gris - gray
grises - gray

H

había - there were
hacia - towards
hambre - hungry; hunger
hay - there is, there are
historia - story
historias - stories
horizonte - horizon

I

isla - island
islas - islands

J

joven - young person

L

la - the
las - the
le - to him, to her
les - to them
los - the

M

más - more
mil - thousand
miles - thousands
muchas - many
mucho - much, a lot
muchos - many
mujer - woman
mundo - world
muy - very

N

no - no, not
norte - north
océano - ocean

O

otra - another
otras - other
otro - another, other

P

pájaro - bird
pájaros - birds
pasado - past
pequeño - small
pequeños - small
pero - but
persona - person
personas - people
plantas - plants
plástico - plastic
polución - pollution

Q

qué - what

R

rojo - red

S

sed - thirst, thirsty
selva - jungle
selvas - jungles
sembremos - let's plant
sesenta - sixty
si - if
siembra - (he, she) plants
siembran - (they) plant
sola - alone, lonely
solo - only; alone, lonely
solos - alone, lonely
somos - (we) are
son - (they) are
sonríe - (he, she) smiles
sonríen - (they) smile
soy - (I) am
su - his, her
sur - south
sus - their

T

talan - (they) cut down
también - also
tenemos - (we) have
tengo - (I) have
tiene - (he, she) has
tienen - (they) have

tractor - tractor
tractores - tractors
tres - three
triste - sad
tristes - sad
tú - you

U

último - last
un - a, an, one
una - a, an, one
uno - a, an, one

V

va - (he, she, it) goes
vamos - (we) go
van - (they) go
ve - (he, she) sees
ven - (they) see
vuela - (he) flies; fly!
vuelan - (they) fly
vuelas - (you) fly

Y

y - and
yo - I

"Hope" is the thing with feathers
That perches in the soul,
And sings the tune without the words,
And never stops — at all,
And sweetest— in the Gale —is heard;
And sore must be the storm
That could abash the little Bird
That kept so many warm.
I've heard it in the chilliest land,
And on the strangest Sea;
Yet — never — in Extremity,
It asked a crumb — of Me.

Hope by Emily Dickinson (1830-1886)

Published in Australia in 2023 by Margarita Pérez García.
www.margaritaperezgarcia.com

A catalogue record of this book is available from the National Library of Australia.
ISBN: 978-0-6454808-0-1

Written and designed by Margarita Pérez García.
Art by Trish Donald.
Edited by Anny Ewing.
Proofreading by Ana Andrés.

Margarita Pérez García
Easy-to-Read Literature
margaritaperezgarcia.com

Acento Latino
NATIVE VOICES FOR YOUR CLASSROOM

Many thanks to Janelle Sennett, Trish Donald, Margarita García Tovar, Inès Delgado, Steven Warburton, Massiel Barros-Torning, Adriana Ramírez, Diego Ojeda, Karen Rowan, Patricia Martí Torres, Mira Canion, and John Sifert.